OBSERVATIONS

DE LA

FACULTÉ LIBRE DE DROIT DE PARIS

SUR LE

PROJET D'ORGANISATION

DE LA LICENCE EN DROIT

PARIS

IMPRIMERIE F. LEVÉ

RUE CASSETTE, 17

1889

OBSERVATIONS

DE LA

FACULTÉ LIBRE DE DROIT DE PARIS

SUR LE

PROJET D'ORGANISATION

DE LA LICENCE EN DROIT

PARIS

IMPRIMERIE F. LEVÉ

RUE CASSETTE, 17

1889

OBSERVATIONS

DE LA FACULTÉ LIBRE DE DROIT DE PARIS

LE PROJET D'ORGANISATION DE LA LICENCE EN DROIT

Préoccupé, comme plusieurs de ses prédécesseurs, du désir de donner à l'étude des sciences administratives une place plus importante dans l'enseignement, M. le ministre de l'Instruction publique a invité les Facultés de Droit à étudier un projet d'organisation de la licence en Droit.

Dans la circulaire qu'il écrivait à cette occasion, M. le ministre exposait les motifs de la réforme qu'il projetait, l'esprit dans lequel elle doit être conçue, et attendait, disait-il, des Facultés, une opinion sérieusement mûrie et franchement exprimée, leur laissant en même temps liberté pleine et entière pour proposer tout amendement qu'elles jugeraient utile, ou tout autre projet.

Il n'a pas semblé nécessaire à M. le ministre de convier au même examen les Facultés libres, bien qu'elles tiennent de la loi, qui a consacré leur existence, avec le droit d'enseigner, le devoir de s'intéresser à ce qui touche à l'enseignement, et de faire connaître leur sentiment sur toute mesure qui peut avoir sur lui quelque influence, fâcheuse ou favorable.

La réforme qui fait l'objet de la lettre ministérielle du 12 janvier 1889 est pour les Facultés libres l'occasion d'exercer ce droit et d'accomplir ce devoir.

Les observations qui vont suivre ont pour objet de résumer les délibérations de la Faculté libre de Droit de Paris ;

Elles comprendront :

Un rapide aperçu des précédents historiques en France, et de l'organisation de l'enseignement à l'étranger ;

L'examen du projet ministériel ;

L'exposé des idées générales dont il conviendrait de s'inspirer, pour réaliser la réforme proposée.

I

QUELQUES MOTS SUR LES PRÉCÉDENTS HISTORIQUES ET SUR L'ORGANISATION DE L'ÉTUDE DES SCIENCES D'ÉTAT A L'ÉTRANGER

A. — L'histoire des tentatives faites pour donner dans l'enseignement des Facultés une place à ce que l'on désigne actuellement sous le nom de sciences d'Etat, a été trop souvent présentée pour qu'il soit utile de l'exposer de nouveau : il n'est pas inopportun cependant de rappeler brièvement quelles idées générales les inspiraient.

La loi du 11 floréal an X créait, à côté de dix écoles de Droit, une « Ecole d'Économie politique éclairée par la géographie et l'histoire » ; de plus elle conservait les écoles spéciales qui existaient alors et au nombre desquelles se trouvaient une école d'économie rurale et une autre des sciences politiques. (Loi du 11 floréal an X, titre III, art. 1, 6° et 8°.)

Cette séparation absolue, au point de vue de l'enseignement, entre les sciences purement juridiques et toutes les autres ne fut maintenue que pendant deux ans.

La loi du 22 ventôse an XII fixait à trois ans le cours complet des études de Droit et décidait que dans les écoles de Droit, on enseignerait le droit public français et le droit civil dans ses rapports avec l'administration publique (art. 2, 2°).

A partir de ce moment l'enseignement du droit administratif a pris et conservé — sauf pendant deux périodes de courte durée — sa place dans l'enseignement des Facultés de Droit.

L'ordonnance du 24 mars 1819 apporta une importante modification au plan des études juridiques, en permettant aux étudiants de troisième année de suivre, en outre du troisième cours de Code civil, « le cours de procédure civile et de législation criminelle, ou, à leur choix, le cours de droit public et administratif » (art. 5).

Pour la première fois on accordait aux étudiants le droit d'exercer leur option entre deux sujets d'étude, et de modifier ainsi à leur gré, mais dans une mesure limitée, le programme des examens ; le diplôme d'ailleurs, il faut le remarquer, restait le même et ne portait pas trace de l'option qu'avait faite le candidat.

Dans cette même ordonnance apparaissait la préoccupation de constituer un enseignement spécialement destiné aux jeunes gens qui se préparent aux fonctions administratives ; dans leur intérêt, on créait un cours d'économie politique qui, du reste, n'était même pas obligatoire pour l'obtention des grades en Droit (art. 5).

La faculté d'opter entre ces différentes matières fut enlevée aux étudiants de troisième année par l'ordonnance du 4 octobre 1820 : le programme des examens fut désormais unique ; le cours de droit administratif, comme le cours de procédure civile et de législation criminelle, devenait obligatoire pour tous.

Les jeunes gens qui se destinaient aux carrières administratives devaient suivre en outre le cours de droit administratif pendant telle autre année de leur temps d'études qu'ils trouveraient convenable. Ils seront, disait l'ordonnance (art. 3), examinés spécialement sur cette branche d'enseignement et il sera fait mention particulière de cet examen dans leurs certificats d'aptitude et dans leurs diplômes.

De nouveaux développements — encore bien incomplets — furent donnés à l'enseignement du Droit par l'ordonnance du 14 avril 1829 qui établissait : dans la Faculté de Droit de Paris et dans celle de Strasbourg, une chaire du droit des gens, et dans la Faculté de Droit de Paris une chaire d'histoire du droit romain et du droit français. Aux termes de l'ordonnance ces cours n'étaient obligatoires que pour les aspirants au doctorat ; ceux des autres étudiants qui les auraient suivis pouvaient demander à être examinés sur les matières enseignées dans ces cours ; dans ce cas, outre leur diplôme, il leur était délivré des certificats constatant la manière dont ils avaient satisfait à cette partie de leur examen (art. 2).

Sous le gouvernement de Juillet, la pensée de faire des sciences administratives l'objet d'un enseignement séparé fut exprimée, à deux reprises différentes, dans des documents officiels.

En 1838, le ministre de l'Instruction publique, M. de Salvandy, dans l'exposé qu'il faisait à la première séance de la commission des hautes études de Droit, soulevait la question des Écoles et même des Facultés d'administration ; tout en rappelant que cette création avait été proposée par Cuvier, il inclinait « à penser que l'obligation aux grades en droit, et un stage dans un service public suffiraient au but qu'on voulait atteindre, à moins, ajoutait-il, qu'on n'allât jusqu'à établir une sorte d'école normale ou d'école polytechnique des services administratifs ».

Sept ans plus tard, dans un rapport (20 février 1845) approuvé par le Roi, le même homme d'État se demandait si, comme dans l'ancienne Université on distinguait les docteurs en droit criminel et les docteurs en droit civil, on ne pourrait pas avoir, à côté des gradués ordinaires, des gradués particuliers dans le droit administratif ; et, bien loin de comprendre qu'un seul diplôme pût être la consécration de deux enseignements différents, il proposait qu'on en admît deux, aussi bien pour le cas où l'on aurait fait rentrer le nouvel enseignement dans le programme des Facultés de Droit agrandies, que dans l'hypothèse où, contrairement à des préférences qu'il laissait deviner, on se déciderait à créer dans ce but, à côté des Facultés de Droit, une Faculté nouvelle.

La création de l'École d'administration, en 1848, opéra la séparation complète entre l'enseignement des sciences juridiques et celui des sciences politiques et administratives. Cette séparation était particulièrement accentuée par la manière dont était constitué le corps professoral : l'enseignement, en effet, devait être donné en partie au Collège de France, et en partie dans l'intérieur de l'école, par des professeurs et maîtres de conférences spécialement attachés à l'établissement. (Projet de décret relatif à l'École d'administration, art. 3.)

On ne voulait pas, sans doute, que les futurs administrateurs fussent étrangers aux connaissances juridiques ; bien au contraire : on souhaitait pour eux « l'enseignement du Droit dans toutes ses branches », seulement on entendait le faire donner « non point dans toute l'extension de la lettre, comme il appartient au jurisconsulte, mais selon l'esprit et la méthode des lois, dans la prédominance des chapitres qui intéressent d'une manière plus particulière l'administration ». (Rapport de M. de Vaulabelle au président de la République.)

L'utilité de l'École d'administration fut défendue avec un rare talent par un jurisconsulte éminent et un administrateur de haut mérite, MM. Bourbeau et Boulatignier ; néanmoins un décret du 22 janvier 1849 prononça la suppression de cette école parce que, écrivait le ministre, « elle avait paru sous quelques rapports une superfluité, et sous d'autres aspects un péril ».

En prenant cette mesure, le chef du pouvoir s'inspirait d'ailleurs beaucoup plus de considérations d'ordre gouvernemental, que de motifs tirés de la nature de l'enseignement en vue duquel l'école avait été fondée.

Le même décret décidait qu'il était créé, « dans toutes les Facultés de Droit de la République, un enseignement du droit public et administratif » ; cet enseignement comprenait deux années, et, à la fin de la deuxième année d'études, les élèves inscrits pouvaient obtenir le grade de licencié en droit public et administratif ; enfin nul n'était admis à s'inscrire à ces cours s'il n'était pourvu du grade de bachelier en Droit (art. 1 à 4).

La Commission chargée d'examiner le projet de loi sur l'Ecole d'administration fit rentrer l'étude du droit public et administratif dans le cadre des études de la licence (Rapport de M. Dumas, 17 juillet 1849) et demanda que cet enseignement comprît deux années : savoir la deuxième et la troisième année de licence (art. 2) ; elle écarta naturellement l'idée d'un grade en droit public et administratif que le gouvernement avait considéré comme la conséquence naturelle de la distinction par lui proposée entre les deux ordres d'enseignement.

Depuis cette époque, l'enseignement du droit administratif

conserva la place qu'il avait antérieurement dans le programme de la licence ; quant au doctorat, en vertu du décret du 20 juillet 1882, le troisième examen a pour objet le droit constitutionnel, et, en outre, deux matières choisies librement parmi celles qui font l'objet d'un cours dans la Faculté ; quelques cours — en très petit nombre — ont été créés en vue de ce troisième examen.

On le voit, depuis la loi de l'an XII, l'enseignement des sciences administratives et politiques, quand il a figuré dans les programmes d'études, a toujours été donné exclusivement dans les Facultés de Droit ; il n'y a eu d'exception que pendant les quelques mois qu'a existé l'Ecole d'administration ; un seul et même programme a été imposé à tous les aspirants au grade de la licence, sans qu'il leur fût permis de choisir entre les différentes matières de l'enseignement ; le diplôme de licencié n'était donc délivré qu'à des jeunes gens qui tous avaient fait preuve de connaissances suffisantes sur les mêmes branches du Droit ; à la vérité il en fut autrement sous l'empire de l'ordonnance de 1819, mais il n'est pas interdit de penser que cette anomalie ait été l'un des motifs de la prompte abrogation de cette ordonnance ; enfin, lorsqu'on s'est préoccupé de donner dans les Facultés de Droit aux futurs administrateurs un enseignement spécial, on a surajouté aux études de la licence en Droit les matières qui en étaient l'objet ; mais en même temps on créait un certificat particulier répondant à cet enseignement nouveau, et le diplôme de licencié en Droit conservait, avec son unité que l'on maintenait, toute sa valeur.

B. — Le cadre restreint de ces observations ne nous permet pas d'exposer avec quelque détail l'organisation de l'enseignement des sciences administratives ou politiques dans les pays étrangers : nous nous bornerons à donner quelques indications sur les points qui viennent d'être signalés, en ce qui touche l'Allemagne et l'Autriche-Hongrie.

Si l'on excepte d'abord la Faculté de Droit et de Sciences politiques de Strasbourg dont, par des raisons toutes politiques, l'organisation fut maintenue telle qu'elle existait lors du démembrement de 1871, et aussi l'Université d'Heidelberg, dont l'organisation présente un caractère particulier, on peut diviser en divers groupes les Universités qui nous occupent.

A Tubingue, à Munich, par exemple, l'enseignement des sciences d'Etat est donné dans des Facultés spéciales et distinctes de toute autre ; au contraire, à Berlin, à Gottingue, à Bonn, à Leipzig, à Hall, il est attribué aux Facultés de Philosophie ; enfin à Amsterdam, en Hongrie, il figure dans le programme des Facultés de Droit ; mais même dans les Universités ou Facultés comprises dans ce troisième groupe, l'enseignement du Droit et celui des Sciences d'Etat sont nettement distingués, soit pendant toute leur durée, soit au moins pendant leur dernière période et pour le grade le plus élevé. Dès que ce sectionnement se produit, les grades restent, à la vérité, les mêmes, mais les diplômes sont différents et mettent en relief la nature des connaissances auxquelles chacun d'eux correspond ; enfin, les prérogatives attachées à ces divers diplômes, les carrières en vue desquelles ils sont délivrés, ne comportent aucune confusion, et l'on n'admet pas, par exemple, qu'un diplômé en Droit puisse, à ce seul titre, aspirer aux fonctions administratives, non plus qu'un diplômé ès sciences d'Etat, s'il ne l'est également en jurisprudence, entrer dans la magistrature.

C'est une chose assurément digne de remarque que cette distinction ait été, dans une mesure variable d'ailleurs, partout admise en Allemagne.

Dans les pays comme le nôtre, où la séparation des pouvoirs a le caractère d'un principe fondamental de la Constitution, on pourrait considérer comme utile, indispensable peut-être, d'appliquer aux études une distinction de même nature afin d'adapter à chaque ordre de connaissances la méthode qui lui conviendrait mieux, de façon à les faire plus sûrement pénétrer dans les esprits, et surtout préparer dès le début les futurs administrateurs à en assurer l'exacte observation.

En Allemagne, au contraire, où la séparation des pouvoirs, sans être étrangère aux institutions, n'est pas considérée cependant comme une règle essentielle et primordiale, on n'était pas conduit nécessairement à mettre les études en rapport étroit avec l'organisation politique ; c'est donc, on peut le croire, à raison de leur nature même que s'est établie, au point de vue de l'enseignement, la séparation entre les sciences d'Etat et les sciences juridiques.

La réforme qui est l'objet de ces observations, si on la considère dans son but, c'est-à-dire au point de vue d'un certain développement à donner aux études administratives et politiques, répond donc à une idée qui à l'étranger est déjà réalisée et dont, en France même, les pouvoirs publics se sont, à diverses reprises, préoccupés.

Mais ce qui est vraiment nouveau, c'est la manière dont on propose d'accomplir cette réforme.

II

EXAMEN DU PROJET MINISTÉRIEL

Toute l'économie du projet peut être ainsi résumée : « Un grade unique et deux types d'études ; ce grade unique comportant deux diplômes distincts ayant du reste la même valeur et auxquels seraient attachées les mêmes prérogatives. »

Cette conception nous semble compromettre tout à la fois et les intérêts des hautes études, et le recrutement des fonctionnaires de l'ordre judiciaire et de l'ordre administratif.

A. — Sur le premier point, toute démonstration serait superflue, si l'option entre les divers enseignements facultatifs devait être entièrement laissée aux étudiants.

Ce choix serait souvent dicté par l'inexpérience, le caprice, l'engouement, parfois justifié, pour tel professeur ; nous ne voulons pas parler de la tentation, à laquelle cependant bien peu résisteraient, de choisir les matières qui leur demanderaient le moins d'efforts ; qui pourrait assurer néanmoins que la paresse ne trouverait pas, dans cette entière liberté, un trop puissant encouragement, et que, pour un grand nombre de jeunes gens. elle ne l'emporterait pas sur le besoin de grouper les études qui contribueraient le mieux à donner à leur intelligence toute son énergie, et à les préparer d'une manière utile à la carrière que chacun aurait l'intention de suivre? Et ainsi l'on verrait figurer dans des plans d'études laissés à l'initiative individuelle, des matières qui n'ont entre elles que fort peu de rapports, tandis que seraient négligées celles qui étaient le mieux faites pour se compléter mutuellement.

Nous préférons toutefois ne pas insister sur cette interprétation de la lettre ministérielle, bien qu'elle ait paru à de bons esprits ressortir de certaines expressions que l'on rencontre dans ce document.

La lettre ministérielle parle de « types d'études » ; elle annonce que les matières à option seront « groupées suivant leurs affinités naturelles » ; c'est vraisemblablement l'administration universitaire qui prendra le soin de les faire « cadrer avec la variété des aptitudes et des carrières » : elle ne pourrait, sans faillir à ses devoirs, abandonner d'une manière absolue le soin de dresser les plans d'études. La liberté d'enseignement sainement entendue et pratiquée conduirait sans doute à laisser, dans une large mesure, aux maîtres, la liberté des programmes, mais ce serait à coup sûr excéder que de s'en remettre, sur ce point, à l'appréciation des élèves.

Nous tenons donc pour certain que les deux types d'études seront constitués par l'autorité compétente, et que l'option des étudiants s'exercera seulement en ce sens qu'ils pourront choisir entre ces deux types dont les divers éléments seront inséparables.

Même s'il en est ainsi, nous estimons que les études juridiques vont subir à l'avenir de profondes atteintes.

a) — Etudes de la licence.

Nous nous bornerons, sur ce point, à exposer quelle grave restriction ce projet apporte à l'étude du droit romain, qui est, maintenant encore, l'une des bases fondamentales de l'enseignement juridique.

Cette étude se trouvera désormais beaucoup plus négligée

qu'elle ne l'était jusqu'ici. De plus en plus s'accrédite chez les esprits superficiels l'idée que la législation romaine n'a plus que la valeur fort peu appréciable d'une curiosité archéologique, bonne tout au plus à tenter la curiosité des savants, mais sans nul intérêt pratique à notre époque, pour l'interprète ou le législateur.

Quel but cependant doit-on poursuivre en maintenant dans ces programmes l'étude du droit romain?

Est-ce uniquement de faciliter l'intelligence de celles des dispositions du droit actuel qui ont été empruntées à la législation romaine? Pour obtenir ce résultat ne suffit-il pas des explications que le professeur de Code civil donnera sur les origines historiques des articles dont il devra fournir le commentaire? Ces explications sont nécessaires assurément, car nous ne pouvons admettre que la codification « implique une sorte de mise en disponibilité de l'histoire » (1); mais il peut ne pas sembler indispensable d'en faire l'objet d'un cours distinct; il convient même de le remarquer : grâce aux plans d'études dont le professeur ne peut s'écarter, l'étude comparative entre le droit romain et le droit français n'est pas sans présenter quelque incohérence, car souvent le professeur de Code civil sera conduit à examiner tel ou tel texte du droit français, avant que les dispositions correspondantes du droit romain aient encore été expliquées.

Entendrait-on plutôt présenter une vue d'ensemble de la législation romaine? Cette étude serait incontestablement d'un puissant intérêt au point de vue de l'histoire générale, mais elle ne donnerait pas du droit romain une connaissance suffisante pour permettre de recueillir de cette étude tout le profit qu'elle doit procurer, et en vue duquel les règlements universitaires ont introduit et maintenu le droit romain dans les programmes : nous voulons dire, la vigoureuse et complète formation de l'intelligence.

On dédaigne trop généralement le secours inappréciable qu'assure le commerce fréquent avec ces grands esprits à la fois si attachés aux traditions et aux lois les plus anciennes de

____

(1) M. Boutmy, *Revue internationale de l'enseignement*, 1889, p. 222.

leur pays, et si ouverts à toutes les exigences du progrès des idées et des mœurs, dont la dialectique précise excellait à tirer d'un principe toutes les conséquences qu'il pouvait contenir, en même temps que leur grand sens pratique savait, à l'aide des tempéraments que leur suggérait l'équité, modérer ce que les solutions auxquelles ils étaient conduits pouvaient avoir de trop rigoureux.

C'est là, on l'a dit avec raison, que, de nos jours encore, s'apprennent, mieux que partout ailleurs, la langue du droit et sa méthode, que s'acquiert ou se complète cet ensemble de qualités qui donnent ou développent l'esprit juridique sans lequel il n'y pas de jurisconsulte vraiment digne de ce nom.

Pour que, pendant la licence surtout, l'enseignement du droit romain soit pleinement utile, le professeur devra se garder d'entrer dans des détails d'érudition pure, de donner à des points d'un intérêt tout secondaire des développements qu'ils ne devraient pas recevoir. Le cours doit donc « se restreindre aux éléments; mais il faut que ces éléments soient présentés complets. Si le professeur, obligé de courir, écourte tout, bien loin de préparer ses élèves à mieux comprendre le droit français, il ne fera que porter le trouble dans leurs esprits; il les encombrera de ce demi-savoir qui obscurcit tout, qui engendre les idées fausses, et qui, inutile en lui-même, n'est souvent qu'un danger pour d'autres études. Pour tirer un profit quelconque du droit romain, il faut le comprendre à fond, et cela suppose qu'on l'a non seulement embrassé dans l'ensemble de ses matières, mais aussi dans toute l'étendue de son développement historique. —Est-ce trop de deux années pour une tâche aussi vaste (1)? »

Or, d'après le projet, le droit romain n'est obligatoire pour tous les étudiants que pendant la première année; pour la seconde il devient facultatif; il ne figurera donc pour cette seconde année que dans le programme des études juridiques (2) et sera, au contraire, étranger aux jeunes gens qui

---

(1) M. Accarias, Rapport présenté au nom de la Commission des études de droit ; *Revue critique*, 1873-1874, p. 525.

(2) Le projet ne laisse pas toujours intact même ce qu'il paraît maintenir.

Ainsi, nous venons de le dire, le droit romain continuera à être enseigné

auront choisi le type des études administratives. Notre crainte est, nous l'avons dit, que le mouvement qui emporte un si grand nombre d'esprits vers les études qui semblent avoir un caractère plus positif, ne conduise les étudiants à choisir de préférence le programme comprenant les connaissances qui leur présenteront le plus d'attrait. Comment espérer qu'ils agiront plus sagement puisque, grâce à la complète équivalence des diplômes, ils n'auront désormais, pour fixer leur choix, à se préoccuper ni de leurs aptitudes personnelles ou des besoins de leur intelligence, ni de la meilleure préparation à la carrière qu'ils auront choisie?

C'est donc une minorité encore respectable, mais néanmoins beaucoup trop restreinte, qui désormais recevra pendant deux années cet enseignement si important non seulement pour la formation de l'esprit, mais aussi, suivant une très juste remarque, pour la connaissance complète de la littérature latine et pour l'éducation générale elle-même.

Une sérieuse connaissance du Droit, indispensable aux jurisconsultes, est très nécessaire aussi aux administrateurs. Nous ne parlons pas seulement des juges administratifs, pour lesquels le doute même n'est pas possible, mais aussi de ceux qui exercent les fonctions actives de l'administration.

Préoccupés de faire respecter les droits de l'Etat dont ils sont les représentants, ces fonctionnaires sont parfois disposés à ne pas tenir un compte suffisant des droits individuels; en présence des conflits qui s'élèvent entre l'intérêt général et les intérêts privés, un sentiment exagéré de leur mission les porte souvent à considérer comme dérobé au premier tout ce que l'on concède aux seconds.

pendant deux ans aux étudiants de la section juridique ; mais comme, dans le système du projet, l'option entre les deux types d'enseignement ne peut être faite qu'au commencement de la deuxième année, tous, sans distinction, devront suivre le même cours en première année ; ce cours, destiné même aux étudiants de la section administrative, sera nécessairement consacré à un exposé général de la législation romaine ; quant au cours de deuxième année, portant sur des matières qui auront déjà été précédemment étudiées, il aura le caractère d'une répétition, de redites amplifiées, sans que l'attrait de la nouveauté vienne atténuer les difficultés d'une étude plus approfondie, ou faire oublier l'aridité des détails plus complets dans lesquels devra entrer le professeur.

Plus nombreuses et plus importantes sont, dans un pays, les attributions de l'Etat, plus il est indispensable que, par une étude attentive des lois civiles, les agents de l'autorité publique, à quelque degré de la hiérarchie qu'ils se trouvent placés, apprennent comment ils doivent, bien loin de sacrifier jamais arbitrairement les uns aux autres, concilier les droits de la liberté civile avec les légitimes exigences du pouvoir social.

b) — Etudes du doctorat.

Nous avons parlé seulement des études de licence ; nous devons ajouter que la réforme projetée, bien que son but immédiat soit de modifier les programmes de ce grade, met également en jeu et en péril les études mêmes du doctorat.

Rappelons, en citant les termes du savant rapport dont la lettre ministérielle s'est approprié les conclusions, l'une des pensées fondamentales du projet : « Le diplôme de licencié en « Droit, délivré aux élèves de l'un et de l'autre groupe, aurait « une valeur équivalente et pourrait demeurer investi de « toutes les prérogatives qui sont attachées aujourd'hui au « diplôme délivré après des études et sur des épreuves uni- « formes pour tous. »

Or, l'une des prérogatives attachées actuellement au diplôme de licencié en Droit, c'est d'autoriser ceux qui l'ont obtenu à faire leurs études de doctorat.

Dans quelles conditions se feraient ces études à l'avenir, si le projet ministériel recevait exécution ?

Ce qui frappe dans le programme du doctorat, surtout si on le compare à celui de la licence, c'est sa simplicité. On n'y voit plus figurer, au moins pour les deux premières années, aucun des enseignements accessoires tels que la procédure civile, le droit criminel, le droit commercial, le droit administratif : on y trouve en première ligne, avec une place tout à fait prépondérante, le droit romain et le Code civil français.

Ce programme est inspiré par une très exacte appréciation de ce que doit être le doctorat. Il ne s'agit pas seulement de compléter les notions antérieurement acquises, mais bien plutôt, de dégager plus nettement encore l'unité du Droit, et mettre en plus vive lumière les principes qui dominent ce tout si vaste et si complexe, en un mot, de faire œuvre scientifique : les études de doctorat sont en réalité le couronnement et en quelque sorte la synthèse des études de la licence (1).

Or, comment suivront un enseignement donné dans cet esprit les étudiants qui se seront consacrés aux études du type administratif ? Du droit français ils connaîtront très superficiellement le droit criminel, la procédure civile, même dans les parties qui auraient pu trouver place dans le Code civil, comme les dispositions relatives aux différentes espèces de saisies; ils n'auront suivi que pendant un an le cours de droit romain, et n'auront pu en retenir que des notions assez confuses et très incomplètes. Exigera-t-on d'eux qu'ils comblent des lacunes ? Ils devraient alors s'imposer un surcroît de travail très considérable ; en fait ils seraient dans une situation notablement inférieure à celle de leurs émules du groupe juridique : l'égalité de situation serait rompue à leur détriment, et beaucoup parmi eux, renonçant à l'effort exceptionnel qu'on leur demanderait, négligeraient de rechercher ce grade et d'acquérir ce complément de culture intellectuelle dont ils eussent tiré le plus grand profit ; de cette façon encore sera diminué le nombre de ceux qui, dans un pays, forment l'élite et constituent l'un des éléments les plus précieux de sa force et de sa grandeur.

Que si l'on veut éviter ces résultats, n'y aura-t-il pas lieu de

---

(1) Cette remarque permet d'écarter l'objection que l'on voudrait tirer de ce qui se passe pour le doctorat ès lettres, dont on a conservé l'unité malgré la distinction qui a été établie entre les trois espèces de licences. Il y a en effet une différence profonde entre l'organisation des épreuves du doctorat en Droit et celles du doctorat ès lettres. Pour ce dernier, en effet, les règlements n'établissent aucun lien entre la thèse, épreuve unique, et les études de grammaire, de philosophie ou d'histoire, auxquelles le candidat s'était antérieurement livré en vue de la licence ; de telle sorte que, contrairement à ce que nous venons de constater dans l'ordre du Droit, il n'existe entre la licence et le doctorat ès lettres d'autre rapport que celui qui fait, du premier de ces grades, la condition nécessaire pour être admis à rechercher le second.

craindre que l'on ne soit entraîné à laisser fléchir le niveau des examens, au risque de diminuer la valeur du diplôme et la confiance qu'il inspire ? Qui pourrait affirmer que l'enseignement lui-même se maintiendra toujours à la hauteur où il doit demeurer ?

On n'est donc que trop autorisé à le constater : la réforme projetée compromettrait très gravement, bien que d'une manière indirecte, cette phase si importante des études juridiques.

B. — Le projet ministériel, en même temps qu'il met en péril les études de Droit, compromet, avons-nous dit, le recrutement des magistrats, sans même assurer, ce qui d'ailleurs ne serait peut-être pas une compensation suffisante, celui des fonctionnaires administratifs.

En effet, les garanties que l'on avait recherchées en exigeant des candidats à un certain nombre de fonctions ou de carrières le diplôme de licencié en Droit, cessent d'exister.

Rien n'est plus légitime, de la part des pouvoirs publics, que la préoccupation d'assurer aux futurs fonctionnaires une meilleure préparation scientifique et professionnelle et, dans ce but, de créer pour eux un enseignement mieux approprié à leurs besoins.

Mais, pour que cette organisation nouvelle soit complète et sans danger, il faut qu'à ce type nouveau d'études réponde, sinon un nouveau grade, au moins un diplôme qui se distingue de tout autre, soit par l'indication précise de la nature des études dont il fournirait l'attestation, soit principalement par les prérogatives qui y seraient attachées.

En établissant au contraire, comme le propose le projet, une entière équivalence entre les diplômes, on méconnaît ce que demandent tout à la fois la logique et la prudence.

Il est trop aisé de comprendre ce que deviennent l'intérêt public et les garanties auxquelles les justiciables ont droit, dans un système où l'on verra de jeunes magistrats participer à l'administration de la justice soit comme juges, soit comme membres du parquet, après avoir adopté le programme de la section administrative, et qui n'auront, en conséquence, été

préparés à leurs délicates fonctions que par une année seulement de droit romain, et des études toutes superficielles sur la
procédure civile et le droit criminel.

Le recrutement des fonctionnaires administratifs n'est pas
mieux assuré, nous l'avons dit, car, dût-on exiger d'eux, à
l'avenir, le grade de licencié, cette condition, grâce à l'équivalence absolue, pourrait être suffisamment remplie par un candidat qui aurait négligé les études administratives pour s'inscrire à la section juridique.

Le grand savoir et la haute expérience des jurisconsultes
distingués qui acceptent le projet de réforme nous mettraient
mal à l'aise pour parler en toute liberté d'un système qui conduit aux résultats si regrettables que nous avons signalés,
si, d'autre part, au témoignage de la circulaire ministérielle, la Faculté de Droit de Paris ne « renouvelait l'expression
de ses préférences théoriques pour le système exposé par
elle en 1878 », au moment même où elle croit devoir l'abandonner.

Il est, en premier lieu, difficile de s'expliquer l'insistance
avec laquelle le projet se défend d'admettre la division des
Facultés de Droit en deux sections, l'une dite « section judiciaire », l'autre « section administrative ».

Que ce sectionnement puisse présenter des inconvénients
sérieux, nous n'y contredirons pas; mais que la mesure qui
crée dans un enseignement « deux types d'études dont chacun
comprendra, à côté de matières à options, groupées suivant
leurs affinités naturelles, et cadrant avec la variété des aptitudes et des caractères » — que cette mesure, disons-nous,
n'opère pas un véritable sectionnement : voilà ce qu'il est bien
difficile de comprendre.

Quelles raisons peuvent donc s'opposer à ce que l'on recon-
naisse à la réforme son véritable caractère? et pourquoi ne pas
mettre les mots en harmonie avec la réalité des choses?

Les décrets qui, en 1880 et 1881, substituèrent à l'unique
licence ès lettres les trois licences en grammaire, en histoire et en philosophie, n'ont ni ébranlé l'organisation des
Facultés ès lettres, ni compromis leur unité; dans un autre

ordre d'idées, la distinction entre les trois sortes de doctorat ès sciences a-t-elle affaibli — n'a-t-elle pas augmenté plutôt? — l'éclat des études scientifiques et l'autorité des Facultés des sciences?

Mais constater, en y conformant son langage, l'existence du sectionnement que l'on organise, n'aurait pas été suffisant. A ces études dont l'objet est en partie, on le reconnaît, profondément dissemblable, doivent correspondre des diplômes qui reflètent et traduisent cette distinction même; et quand ces études sont faites en vue de carrières ou de fonctions qui exigent des connaissances différentes aussi à plusieurs points de vue importants, on fait une œuvre aussi contraire à la nature des choses qu'aux nécessités pratiques, lorsqu'entre ces diplômes on établit une équivalence absolue.

Dans les autres ordres d'enseignement, il est vrai, on a pu admettre, d'une façon plus ou moins complète, l'équivalence entre des diplômes répondant à des études quelque peu différentes; mais on n'en doit nullement conclure, nous l'avons vu, que dans le système que nous étudions cette équivalence puisse être acceptée. Le projet, cependant, la maintient avec la plus vive insistance; ce qu'il repousse surtout « c'est le sectionnement qui constituerait une véritable bifurcation aboutissant à deux diplômes ayant chacun sa valeur propre et distincte... La proposition actuelle s'attache à donner aux deux diplômes la même valeur, et une valeur suffisante pour justifier le titre de licencié en Droit, avec les prérogatives qui y sont ou pourraient y être attachées sans aucune distinction. »

Là est, à notre avis, le vice capital du projet ministériel; c'est lui particulièrement qui produit ou aggrave les conséquences si regrettables que nous avons signalées comme devant résulter nécessairement de la réforme proposée : nous avons assez nettement indiqué plus haut notre pensée sur ce point pour qu'il soit superflu d'y revenir en ce moment.

III

Dans les pages qui précèdent, nous n'avons pas discuté le principe même du projet, et, en effet, il ne nous semble pas que l'utilité de la réforme, considérée en elle-même, doive être contestée.

Mais si l'on est généralement d'accord pour souhaiter que
l'enseignement des sciences administratives reçoive un sérieux
développement, les divergences deviennent profondes, lorsque
l'on cherche à préciser les moyens à l'aide desquels on pourrait y parvenir.

La Faculté libre de Droit de Paris n'a pas le dessein d'entrer
dans tous les détails que comporterait un semblable sujet,
elle se propose seulement d'indiquer quelques idées générales
qui devraient, à son avis, présider à la réalisation de cette utile
réforme.

L'expression de « sciences d'Etat » comprend des connaissances très diverses, et il serait difficile d'en faire une énu-
mération complète. Si l'on voulait tenter d'en dresser le cata-
logue, il y faudrait faire rentrer, outre le droit public et le droit
administratif, le droit des gens, le droit public de l'Europe,
l'histoire des constitutions des peuples civilisés, l'histoire des
traités, la science des finances et la comptabilité publique, la
législation commerciale et coloniale comparées, la géographie
politique, industrielle, économique et commerciale, la statistique, l'ethnographie, etc.

S'il s'agissait de constituer dans son ensemble l'enseignement des sciences d'État, nous penserions que cet enseignement ne doit pas être confié aux Facultés de Droit.

Les Facultés de Droit tiennent, à juste titre, à élever toujours
davantage le niveau de leur enseignement, à lui donner toute
l'ampleur que suggère le progrès scientifique ; mais il importe
qu'elles exercent leur activité dans l'ordre de leurs études et sur
le terrain qui est le leur.

Elles ne doivent pas, par exemple, avoir la pensée de faire

faire à leurs élèves un apprentissage technique ; elles savent que les connaissances pratiques ne s'acquièrent réellement que par le maniement des affaires et que, si elles sont à un certain point de vue des écoles professionnelles, elles ne sont, dans le sens que l'on attribue à ces expressions, ni des écoles préparatoires ni des écoles d'application. Leur mission se borne à mettre entre les mains de ceux qui viennent chercher auprès d'elles leur initiation scientifique, l'instrument à l'aide duquel ils rempliront avec honneur et profit la tâche qu'ils auront assumée.

Cette mission des Facultés de Droit est assez belle pour que leur légitime ambition de rendre les plus utiles services à leur pays puisse recevoir ample satisfaction. Nulle part, la législation comparée n'est l'objet d'un enseignement spécial ; et cependant, à notre époque, il est d'un très grand intérêt de comparer entre elles, même au point de vue du droit privé, des civilisations qui, tout en conservant leur caractère propre et en quelque sorte incommunicable, nous offrent parfois des exemples utiles à suivre, ou permettent de découvrir des périls qu'il est nécessaire d'éviter.

De même, n'est-il pas surprenant et profondément regrettable qu'un cours d'introduction générale à l'étude du Droit n'ait pas trouvé sa place dans l'enseignement des sciences juridiques, ou plutôt n'ait pas conservé celle qui lui avait été faite ?

Voilà, pour nous en tenir à ces indications qui pourraient aisément être complétées, des innovations dont l'utilité serait reconnue de tous.

Mais confier en outre aux Facultés de Droit le soin d'enseigner dans leur ensemble et dans tous leurs détails les sciences d'État, c'est leur imposer une mission à laquelle — du moins pour les Facultés de l'État — les règles suivant lesquelles se recrutent leurs professeurs ne semblent pas les avoir préparées (1) ; c'est, de plus, oublier le but même de leur institution, l'esprit qui doit présider à leurs études et la méthode à laquelle elles doivent demeurer fidèles (2).

(1) Voir l'art. de M. Ch. Lyon-Caen dans la *Revue internationale de l'Enseignement*, 1887, p. 454 et suiv.

(2) Cf. les rapports de MM. Bourbeau et Boulatignier et les remarquables études publiées par M. Boutmy dans la *Revue internationale de l'Enseignement*.

Nous n'insisterons pas davantage sur ce premier point, au sujet duquel plusieurs des représentants même les plus autorisés des Facultés de Droit ne semblent pas devoir soulever de graves objections (1).

Nous venons de nous arrêter à l'hypothèse où l'on voudrait constituer un enseignement qui comprenne l'ensemble des sciences d'État; mais telle n'est pas la portée de la réforme projetée.

Cette étude d'ensemble conviendrait seulement à une élite; le projet ministériel a en vue, au contraire, « un public moins choisi, mais plus étendu, dont les visées ne s'élèvent pas aussi haut... Le but principal est la diffusion des connaissances dont la nécessité est reconnue, et le moyen de l'obtenir est d'organiser le nouvel enseignement dans des conditions telles qu'il soit accessible à la grande masse des étudiants » (2).

On raisonne trop comme s'il y avait lieu de s'appliquer uniquement à apporter un soin plus grand que par le passé à la préparation scientifique des futurs fonctionnaires; il y a là, sans aucun doute, le sujet de sérieuses préoccupations : plus se développe l'action de l'État, plus il est nécessaire de mettre ses divers agents en mesure de remplir avec plus de soin et de succès les devoirs qui leur incombent.

Mais il est d'autres points de vue, très dignes aussi d'attention. A une époque où les lois ont ouvert à tous la vie publique, où chacun peut avoir la légitime ambition de prendre place dans les assemblées délibérantes, de consacrer son dévouement et son activité à participer, dans une sphère élevée ou modeste, à l'administration des affaires de son pays, n'y a-t-il pas un intérêt de premier ordre à encourager ces bonnes volontés, et, en même temps, à leur procurer les moyens de se donner carrière de la manière la plus large et la plus profitable aux intérêts publics et privés?

Même en dehors des actes de la vie publique, presque à tous les moments de leur existence, les particuliers se trouvent en rapport avec l'État : il n'est pas, on peut le dire, un seul des

(1) Comp. le rapport de M. Bufnoir, publié dans la *Revue internationale de l'Enseignement*, année 1881, p. 394.

(2) M. Bufnoir, rapport précité, p. 394-395.

domaines de l'activité humaine où la puissance publique n'intervienne, et où, par conséquent, les droits des particuliers ne rencontrent les droits que l'État revendique au nom de l'intérêt général. Il est évidemment de la plus haute importance que chacun puisse connaître d'une manière certaine l'étendue de ses propres droits ; et, d'un autre côté, la paix sociale se trouvera mieux assurée, quand tous se rendront mieux compte de la nature et de l'étendue des sacrifices que la société peut exiger des individus.

Et cependant, comment se défendre d'une pénible surprise lorsque l'on constate l'ignorance profonde dans laquelle se trouvent, sur ce point, même des esprits d'ailleurs très cultivés ? Épris, à bon droit, de leur liberté civile et politique, des prérogatives qui en sont les conséquences, ils ne connaissent aucun des principes qui en sont la sauvegarde, et sont tour à tour portés à négliger, faute de les savoir défendre, leurs droits les plus précieux ou à méconnaître les règles supérieures qui gouvernent et maintiennent dans un équilibre nécessaire les droits respectifs de l'État et des particuliers.

Voilà les besoins divers auxquels il faut donner satisfaction ; il importe de ne pas les perdre de vue si l'on veut donner à la réforme son véritable caractère, et, entre autres, mettre les programmes en complète harmonie avec le but qu'il s'agit de réaliser.

Le projet, on le sait, confie aux Facultés de Droit l'enseignement nouveau qu'il organise.

En ce qui concerne les Facultés libres, cette solution peut être adoptée sans nul inconvénient. La manière dont ces Facultés constituent leur personnel leur permet de s'assurer le concours d'hommes qui, à la science du jurisconsulte, aux aptitudes spéciales du professeur, joignent une connaissance des matières administratives que ne suffit certainement pas à donner l'enseignement tel qu'il est organisé par les programmes officiels.

En n'élevant aucune objection de principe contre l'attribution aux Facultés de Droit de l'enseignement plus complet et plus approfondi du droit administratif, la Faculté libre ne méconnaît pas le véritable caractère de la plupart des sciences d'État et de la méthode qui convient à leur étude; elle n'oublie pas davantage ce qu'elle a dit de la nature de l'enseignement que doivent donner les Facultés de Droit.

Assurément les sciences d'État se distinguent des sciences juridiques en ce que celles-ci doivent être étudiées principalement à l'aide de la méthode de déduction, tandis que les premières sont, pour la plupart, plutôt des sciences d'observation et d'induction; mais cette différence, pour certaine qu'elle soit, ne doit pas être exagérée. Elle est exacte dans une large mesure, si l'on s'attache au caractère prédominant de ces deux ordres de connaissances; mais, de même que l'on mutilerait l'étude des sciences juridiques si on y refusait toute place à l'observation des faits et des phénomènes qui se produisent dans le champ si vaste des intérêts qu'elles ont pour but de régler, de même, pour l'étude de plusieurs des sciences d'État, la méthode de déduction a un rôle nécessaire. Cette remarque s'applique d'une manière toute spéciale au droit public et au droit administratif. Tous deux, à la vérité, comme d'ailleurs presque toutes les sciences humaines, se sont formés à l'aide de l'observation; mais du rapprochement, de la comparaison de ces faits empruntés spécialement ici à l'étude de notre histoire, de nos mœurs, du caractère national, on a déduit un certain nombre de règles générales, de principes dont l'ensemble, à l'heure actuelle, constitue bien véritablement des sciences qui présentent assurément une affinité plus grande avec les sciences juridiques qu'avec les autres sciences d'État. Pour les étudier avec fruit, il faut aussi mettre en lumière les principes généraux qui les dominent, montrer les conséquences qu'en ont tirées les lois modernes, faire voir enfin de quelle manière ces mêmes principes doivent éclairer l'application du droit positif ou dicter les améliorations dont il serait susceptible.

On le voit, la méthode est la même; ajoutons que l'objet aussi est identique: il s'agit toujours de la science du Droit.

On comprend, par ce qui précède. dans quelle mesure l'étude des sciences d'État pourra figurer dans les programmes des Facultés de Droit; on devra choisir, parmi elles, celles qui, tout à la fois, ont un caractère vraiment scientifique et une portée générale.

A vrai dire, le droit administratif, le droit public, et, dans une certaine mesure, le droit des gens et le droit constitutionnel se présentent seuls dans ces conditions ; donner à leur étude de plus larges développements, insister, parmi les matières qu'ils embrassent, sur celles qui ont une plus notable importance serait, à tout prendre, le plus sûr moyen de donner satisfaction aux besoins qui éveillent en ce moment la sollicitude générale.

L'exposé complet des principes généraux de ces quatre branches du Droit et de leurs théories les plus riches en applications pratiques, mettra toujours un esprit sérieux en excellente situation pour s'appliquer avec succès, le moment venu, aux détails si nombreux et si délicats soient-ils de telle ou telle matière spéciale qui, dans le cours de sa carrière, sollicitera son attention ou sera l'objet de ses travaux.

Il nous reste à rechercher comment pourraient être organisées dans les Facultés de Droit ces études administratives plus complètes dont nous venons d'indiquer le caractère général.

Quant aux programmes eux-mêmes, d'après le projet, « il ne serait rien changé d'essentiel aux programmes existants pour le groupe des élèves qui se destinent de préférence aux carrières ou professions qu'on peut appeler judiciaires. — Pour ceux qui se vouent plutôt aux carrières administratives, il subsisterait un fond commun comprenant la partie fondamentale et pour ainsi dire irréductible des études juridiques et économiques » ; puis « on admettrait quelques retranchements et on ramènerait quelques enseignements à la mesure qui leur avait été tout d'abord assignée, afin de donner place à l'extension des enseignements de droit public et d'économie politique ».

M. de Salvandy en 1838 s'était attaché à une idée différente, déjà adoptée par l'ordonnance de 1820 et que la Faculté de Droit de Paris, en 1878, s'était appropriée (1).

(1) Les observations de la Faculté de Droit de Paris ont été l'objet d'un remarquable rapport de M. Duverger.

Ce système ne touche pas aux études de la licence en Droit : le même programme unique demeure donc obligatoire pour tous les jeunes gens qui aspirent à ce grade ; mais, pour ne parler que du projet de la Faculté de Paris, aux trois années que comportait ce programme on en ajoutait une quatrième consacrée spécialement au droit administratif, au droit constitutionnel, au droit des gens et à la science financière.

Cette combinaison nous semble de beaucoup préférable à celle qui est proposée par la circulaire ministérielle.

On pouvait lui reprocher, il est vrai, de superposer l'un à l'autre deux grades portant le même nom, c'est-à-dire la licence ès sciences administratives et politiques à la licence en Droit ; mais il eût été facile de faire disparaître cette anomalie en donnant un nom spécial au certificat délivré à la fin de la quatrième année ; laissons donc ce détail pour aller au fond des choses.

Les auteurs de cette combinaison avaient fait preuve d'une haute raison. Ils avaient résisté au désir inconsidéré qui pousse la presque unanimité des jeunes gens à hâter la préparation de leur carrière, et, dans ce but, à acquérir exclusivement les connaissances spéciales qui leur semblent devoir présenter une utilité plus immédiate.

Loin de favoriser cette tendance pleine de dangers, les pouvoirs publics doivent la modérer autant qu'il est en eux.

Dans toutes les carrières ou fonctions auxquelles donnent accès les études de l'enseignement supérieur, on doit s'appliquer par-dessus tout, non pas à accumuler un nombre plus ou moins grand de connaissances de détail, mais à acquérir la vigueur de l'esprit et la sûreté du jugement. Si vaste que soit la mémoire, elle ne peut jamais retenir tout ce qu'on lui aura confié ; eût-elle d'ailleurs ce pouvoir, offrît-elle toutes les ressources d'une encyclopédie vivante, les difficultés sans nombre qui, dans le mouvement des affaires, échappent à toute prévision, la trouveront en défaut ; ce qui importe, c'est, tout en cultivant avec soin cette faculté précieuse, de s'appliquer surtout à se pénétrer des principes généraux, à s'en rendre pleinement maître ; celui qui sera parvenu à ce résultat sera toujours, mieux que tout autre, en mesure de discerner, dans les difficultés qui lui seront soumises, la solution qu'elles réclameront.

Chercher le résultat immédiat, se contenter d'acquérir des connaissances de détail, sans prendre le soin de les relier aux idées générales qui les dominent, en un mot, vouloir trop tôt se spécialiser, c'est pour l'administrateur comme pour le jurisconsulte faire une œuvre vaine et stérile.

Or, pour cette nécessaire éducation de l'intelligence, l'étude des sciences juridiques avec leur méthode de déduction rigoureuse est la plus précieuse ressource ; la faire durer trois ans n'est assurément pas excessif : nous dirions volontiers que c'est le minimum du temps qu'il faille y consacrer. Aussi doit-on considérer comme très-regrettable toute combinaison qui tendrait sous une forme ou sous une autre à restreindre ces études.

Les considérations qui, il y a onze ans, avaient conduit la Faculté de Paris à maintenir intact le programme de la licence en Droit n'ont, depuis ce moment, rien perdu de leur valeur et nous voudrions pouvoir espérer qu'elles triompheront des objections que l'on a formulées contre elles.

Craindrait-on, en leur demandant une quatrième année d'études, de surcharger outre mesure les futurs administrateurs ? On pourrait d'abord répondre que l'État n'excéderait certainement pas son droit en exigeant des garanties nouvelles de ceux qu'il ferait, à un titre quelconque, dépositaires d'une partie de son pouvoir ; on pourrait même soutenir qu'il lui serait permis, sans montrer une rigueur exagérée, de faire de ce supplément de connaissances une condition nécessaire pour l'entrée dans les carrières dont il dispose ; toutefois il n'est pas indispensable de donner un caractère obligatoire à la quatrième année ; elle pourrait être entièrement facultative : le diplôme ou certificat qui serait délivré à la fin de cette année serait simplement un titre dont l'État tiendrait compte à ceux qui l'auraient obtenu.

La lettre ministérielle oppose encore cette raison « d'une force irrésistible : nous sommes, y est-il écrit, à la veille du service militaire de trois ans : ce ne peut être l'instant d'ajouter encore une année aux études de licence ». On pourrait, en se plaçant dans un ordre d'idées semblable, faire observer en outre que, parmi ceux qui se destinent aux carrières administratives, il en est beaucoup auxquels les exigences de l'existence font une loi impérieuse d'atteindre sans trop tarder le moment où leur travail leur procurera une rémunération pécuniaire : n'est-il pas bien dur de leur refuser pendant une année de plus cette légitime et nécessaire satisfaction ?

Pour écarter ces objections, il suffirait d'autoriser ces jeunes gens à faire, pendant leur licence même, les études comprises dans le programme de la quatrième année, et de passer, s'il leur convenait, cet examen spécial à la fin de la troisième année, après avoir préalablement obtenu le grade de licencié. Beaucoup, si nous ne nous trompons, profiteraient de cette latitude ; ils le pourraient sans s'imposer un labeur comparable à celui que l'on exige dans les établissements d'enseignement secondaire ; il leur suffirait d'imiter ceux de leurs condisciples qui, concurremment à leurs études de licence, se livrent à des travaux divers, tels que la préparation de la licence ès lettres, du baccalauréat ès sciences, ou s'initient dès ce moment, chez un officier ministériel, à la pratique des affaires.

La Faculté libre de Droit de Paris estime que ce système donnerait satisfaction à tous les intérêts engagés dans la réforme projetée, sans présenter aucun des inconvénients ni créer aucun des dangers que pourraient présenter les autres combinaisons.

Elle doit néanmoins prévoir le cas où les bases proposées par le projet ministériel seraient définitivement adoptées, et rechercher de quelle manière, dans cette hypothèse, ce projet devrait être modifié.

Ce que nous avons déjà dit nous permet d'être très brefs, car nous n'avons plus à parler que des matières qu'il est question d'introduire dans le programme.

Le droit constitutionnel doit d'après le projet être enseigné dès la première année.

Cette mesure constitue, à notre avis, une regrettable innovation. En 1878, un membre du Sénat avait déposé une proposition tendant à ce que, dans toutes les Facultés de l'État, fût établie une chaire de droit constitutionnel. La commission d'initiative fit à cette proposition un accueil favorable (1), en exprimant le vœu que cet enseignement prît place parmi les cours obligatoires de la première année.

Les ministres de l'Instruction publique, éclairés probablement par l'avis des Facultés de Droit qu'ils avaient demandé, ont à deux reprises repoussé cette idée : le décret du 20 décembre 1880 ne fait pas figurer le droit constitutionnel dans les programmes de la licence ; deux Facultés seulement, celles de Douai et de Poitiers, avaient demandé, non pas qu'on en fît l'objet d'un cours séparé, mais qu'on lui ménageât une place dans le cours de droit administratif ; les autres Facultés étaient muettes à cet égard.

Le décret du 20 juillet 1882, fidèle à la pensée suivie depuis 1878 et qu'avait respectée le décret de 1880, laisse subsister le droit constitutionnel dans le programme du doctorat.

Entre ce système et celui du projet, le choix ne nous paraît pas douteux : les étudiants de première année ne sont, à aucun point de vue, en mesure de profiter d'un enseignement qui, à raison de sa nature même, exige chez ceux qui le reçoivent une certaine maturité d'esprit. Si, ce dont il est permis de douter, il paraît nécessaire de donner sur ces difficiles matières quelques notions aux jeunes gens qui ne poursuivront pas leurs études jusqu'au doctorat, ne suffirait-il pas de donner quelque développement à la partie du cours de droit administratif que l'on doit consacrer au droit public ?

En troisième année, la législation coloniale, puis l'économie coloniale figurent comme devant être l'objet de deux enseignements distincts. L'idée à laquelle répond cette double indication n'est ni très nette, ni très précise. On ne comprend véritablement pas ce qui peut entrer dans le programme d'un cours d'économie coloniale, surtout en vue de la licence, là où on se propose d'instituer un cours de législation coloniale et où est déjà professée l'économie politique.

(1) *Journal officiel*, 1878, p. 11.653 ; 1879, p. 4.614.

Pourquoi, de plus, avoir choisi l'économie coloniale plutôt que l'histoire des traités, la géographie commerciale, la statistique, etc. ? On perd de vue, semble-t-il, que la réforme ne s'adresse pas « à un personnel d'élite qui aspirerait aux hautes fonctions de la politique, de la diplomatie ou de l'administration », mais à « un public plus étendu, dont les visées ne s'élèvent pas si haut… On veut organiser l'enseignement nouveau dans des conditions telles qu'il soit accessible à la grande masse des étudiants. » Il faut donc s'abstenir avec soin d'introduire dans les porgrammes ces sujets tout spéciaux pour lesquels on trouvera toujours un professeur, alors même que la chaire n'aurait pas été créée pour lui, mais auxquels la grande majorité des étudiants sera complètement indifférente.

Mais laissons ces détails, malgré leur importance ; au surplus, en présentant ces dernières observations, la Faculté a voulu indiquer comment on pourrait, dans une mesure bien incomplète, il est vrai, atténuer quelques-uns des dangers qui résulteraient de l'adoption du projet ministériel ; mais elle n'entend pas donner son adhésion au projet lui-même qui lui semble ne pouvoir être adopté, fût-ce à titre purement subsidiaire.

L'examen que nous avons fait de ce document, l'étude des graves conséquences qu'entraînerait l'organisation qu'il propose, montrent, ce nous semble, que l'état de choses actuel est, malgré ses lacunes, de beaucoup préférable à celui qu'on veut lui substituer.

La Faculté ne méconnaît pas les avantages que pourrait offrir une réforme ayant pour but de donner satisfaction aux besoins et aux intérêts dont elle ne conteste pas l'importance ; mais, elle l'affirme avec une entière conviction, accomplir cette réforme dans les conditions proposées serait au plus haut point regrettable ; mieux vaudrait y renoncer que de la réaliser à ce prix.

RÉSUMÉ ET CONCLUSIONS

La Faculté libre de Droit considère :

Que le projet porte une grave atteinte aux études de la licence et, par suite, aux études du doctorat ;

Qu'il compromet, au grand préjudice des garanties auxquelles ont droit les justiciables et les administrés, le recrutement des fonctionnaires de l'ordre judiciaire, sans mieux assurer le recrutement des fonctionnaires administratifs ;

Que ce double résultat est dû à ce que le projet, en introduisant un véritable sectionnement dans les programmes de la licence, établit en même temps une complète équivalence entre les deux diplômes qu'il propose de créer.

Elle estime en conséquence :

Que le programme actuel de la licence doit être maintenu, et qu'il doit s'imposer à tous les aspirants à ce grade, sans distinguer entre les différentes carrières auxquelles ils se destineraient ;

Qu'il y a lieu d'organiser une quatrième année d'études ; le programme de cette quatrième année comprendrait des cours dont l'objet, emprunté spécialement aux matières de l'ordre politique ou administratif, aurait tout à la fois un caractère vraiment scientifique et une portée générale ; tels sont le droit

administratif approfondi, le droit public, le droit constitutionnel, le droit des gens ;

Que les étudiants devront être admis à la fin de leur troisième
année à subir l'examen correspondant à cette quatrième année
d'études, mais à la condition expresse d'avoir préalablement
obtenu le grade de licencié en Droit ;

Qu'un diplôme spécial, distinct du diplôme de docteur,
devra être délivré aux candidats qui auront subi avec succès
l'examen correspondant à la quatrième année.

Le Rapporteur,

Ch. Chobert.

Ancien agrégé à la Faculté de Droit de Nancy,
Professeur de Code civil à la Faculté libre de Droit de Paris.

17658. — Paris, F. Levé, imprimeur de l'Archevêché, rue Cassette, 17, Paris.

www.ingramcontent.com/pod-product-compliance
Lightning Source LLC
LaVergne TN
LVHW021643170726
843501LV00007B/2400